Este libro le pertenece a

_____

...la niña de sus ojos!

ABRAZANDO EL AMOR DEL PADRE

*"Soy la niña de Su ojo
Él es el centro de mi ser"*

Vera LeRay Warner

(Traducción en español por Flor Yuhas)

Incluye estudio de acompañamiento y diario

IN HIS IMAGE PUBLISHING

Cocoa, FL

P.O. Box 236552 Cocoa, FL 32923

Warner, Vera LeRay

Abrazando el amor del Padre

ISBN: 978-0-9713072-4-7

IN HIS IMAGE
PUBLISHING

DEDICACIÓN

Dedico este libro a Diana Nicoson, amiga de mucho tiempo, compañera en el ministerio y una de mis muchas "hijas espirituales."

Recibe el amor del Padre como nunca antes.

CONTENIDO

RECONOCIMIENTOS

Deseo agradecer al Capellán Steve y Brenda Sexton por extenderme su amable invitación a ministrarle a las damas de la Iglesia Protestante del área de Hessen. ¡Ustedes fueron lo que empezaron todo!

Le doy gracias a los ungidos guerreros de oración-los comandantes de la primera vigilia; Lorraine, Holly, Roderick, Erica, Carmen, Yvonne, Lillie, Birgit, Patricia, Angela, Greg y Dana. La cobertura de sus oraciones es una bendición para mí.

Gracias a la Dra. Marilyn Chipman. Sus habilidades como editora y sugerencias son como el oro para mí. Su estimulo es una bendición.

Finalmente, al mejor hombre que ha caminado el planeta, mi esposo, Michael, mi amor, te amo y muchas gracias por tu apoyo continuo. ¡Eres el mejor!

PRÓLOGO

Uno de los gozos más grandes de ministrarle a otros es el verles madurar y ser *"Grandes Guerreros".* Vera es una guerrera. El haber tenido el privilegio de ser su Pastor en Hawái, me es un gran gozo recomendarle su trabajo a usted. Pronto usted descubrirá como yo, que Vera tiene una pasión por las cosas de nuestro Señor.

Hay varias cosas que se podrá notar del último estudio de Vera Warner, *"Recibiendo el amor del Padre".* Esta escritora nos lleva a una jornada a través del *"Huerto de la Historia".* Estamos invitados y motivados a caminar meticulosamente por este huerto y recoger fruto de los ricos recursos de la Palabra de Dios. Cualquier verdadero estudiante de la Palabra descubrirá rápidamente con el cuidado que esta escritora nos lleva a un estudio crucial usando a Israel como *"Centro principal".* La escritora dice que mucho pueblo de Dios está en un "encierro emocional" y ni siquiera lo saben

Con preocupación y compasión la escritora revela el amor y la gracia de un Padre amoroso hacia su creación. Sistemáticamente la escritora revela que el plan de Dios es de *produciendo, proveyendo y protegiendo* lo que le pertenece a Él. En las siguientes páginas, una descubrirá que están en un trayecto de entendimiento. Este caminar por medio de la Palabra de Dios revela un *propósito y un plan* para sus vidas. Mientras caminamos por este huerto de entendimiento, descubriremos que hay un ojo vigilante sobre nosotros. Volvemos nuestra Mirada hacia arriba y descubrimos que es el *"amoroso creador".* Al mirar más cerca vemos algo en Sus ojos. *Para nuestro asombro, somos nosotros. Somos la niña de Su ojo.*

Tome el alimento que viene de este trabajo. Coma cada palabra. En esto descubrirá que usted es una *"fruta preciosa"* para su Padre Celestial. Descanse al saber que Dios le ama más allá de lo que su mente puede comprender. ¡Disfrútelo!

Pastor Roger Powell
Word of Grace Tabernacle
McDonough, Georgia

PREFACIO

Fui invitada a hablar en el Retiro de primavera de las damas de la Iglesia Protestante del Área de Hessen. Durante el curso de preparación de mis mensajes sentí que, como parte de mi guía, debía usar la referencia bíblica en Salmo 17:8 – *"Guárdame como a la niña de tus ojos; escóndeme bajo la sombra de tus alas"*. Mientras reflexionaba en este verso escuche al Padre hablarme suavemente, "Tu eres una de mis manzanas." Fue uno de esos momentos en que se prendió el foco. Usted sabe uno de esos momentos donde el Señor pone una idea de repente en tu espíritu. Que concepto tan dulce, chistoso y reconfortante. Así que hice un poco de investigación y encontré que hay por lo menos 2500 diferentes clases de manzanas en los Estados Unidos y 7500 variedades en el mundo entero. Las variedades son diferentes en sabor, textura y color, pero aun así todas son manzanas. Desde la deliciosa manzana roja a la fuji, a la dulce crujiente y la firme, la acida granny smith, la manzana está cargada con un valor nutricional y es una de las frutas más preferidas de todos los tiempos. ¡Gracias a Dios por la manzana!

"Eres una de mis manzanas" fue el impulso para la idea de "La manzana dama de Dios" – G.A.L". Somos la manzana (niña) de los ojos de Dios. Somos las damas de Dios. Somos sus damas con buenos modales y consideradas con un alto concepto del buen comportamiento. Pero también somos sus damas, esas criaturas informales que son encantadoras y chistosas y espontaneas y es divertido estar con ellas.

Luego vino la idea de este libro. Muchas de las manzanas damas de Dios aman, pero no pueden aceptar totalmente su amor por ellas. Muchas de sus preciosas damas no están completamente seguras de quienes son o qué posición tienen con el Padre así que se les hace difícil para ellas el abrazar su amor.

Bueno, G.A.L.s, (Las manzanas damas de Dios) es mi oración que cuando usted termine este libro que usted haya llegado al lugar donde usted quizás se niegue a si misma de muchas cosas en esta vida, pero no el amor del Padre. Al terminar este libro espero que usted sinceramente pueda decir con toda confianza, "Soy la niña de sus ojos: ¡pero Él es el centro de mi ser!»

Vera LeRay Warner
Zotzenbach, Alemania
Agosto del 2007

CÓMO USAR EL ACOMPAÑANIMENTO
DE ESTUDIO Y DIARIO

El acompañamiento de estudio y diario de *Abrazando el amor del Padre* ha sido incorporado en este libro. Este estudio ha sido diseñado para ayudar al lector a descubrir el amor de Dios, de nuevo, y aceptando su amor sin reservación y dar Su amor sin titubeo.

Puede ser usado en estudio de grupo pequeño o individualmente durante su tiempo de devocional personal y estudio. Puede ser usado con ambos.

Cada capítulo es formado de la misma manera ya que contiene las siguientes seis secciones:

- Idea central del capitulo
- Comentario del capitulo
- Preguntas para reflexionar
- Aplicación
- Declaración
- Oración

Hay también una sección para escribir en su diario aquellas cosas que el Padre le susurra a su Corazón; aquellas cosas personales que vendrán a ser valiosos pedacitos de sabiduría que usted podrá usar una y otra vez en los días que vienen.

Si usted es una líder de un pequeño grupo se le sugiere que usted estudie más para que pueda ofrecer más información que la que se le da durante el comentario en cada capítulo. Entonces usted podrá pasar por las preguntas con el grupo permitiéndoles a ellas dar las respuestas.

Antes de empezar:

- Escriba sus respuestas ya que le ayudara a retener lo que va a memorizar.
- Pida a Dios que le de revelación y le muestre maneras de aplicar lo que aprenderá en una manera práctica.

- Lea los pasajes de escrituras sugeridas más de una vez para obtener un entendimiento claro de lo que se le está transmitiendo.

Durante el curso de su estudio:

- Escriba sus respuestas ya que le ayudara a retener lo que va a memorizar.
- No se le olvide escribir sus pensamientos de reflexivos en la sección de diario. Dios le hablará a usted y será un placer escribir lo que Él dice cuando habla.

INTRODUCCIÓN

En los años que he caminado con el Señor, de tiempo en tiempo he tenido contacto con mujeres de Dios que aman al Señor y quienes estaban haciendo lo mejor por vivir una vida santa delante de Él, pero la paz y el gozo que solo Él puede dar las eludía por completo. Estas preciosas mujeres de Dios se sentaban en la iglesia domingo tras domingo, asistían a la oración y estudios bíblicos y la escuela dominical, trabajaban cuando fuera y donde las necesitaran. Mas sin embargo parecía como si solo "casi llegaran." Parecía que nunca fuera posible que pudieran entrar en una intimidad menos marginal con el Padre. Su relación de amor con el Padre parecía de lo más esporádica.

Por años no podía entender porque algunas iban a las sesiones de liberación una y otra vez, pero el problema aún era evidente. Se me había dado el privilegio de formar una relación con unas pocas de estas preciosas mujeres y, al llegarlas a conocer, descubrí que parecía haber algo en común que operaba en cada una de sus vidas; ya sea que no podían o no se permitían ellas mismas a ser completamente capturadas por el amor del Padre. Parece haber una barrera emocional. Por alguna razón a había murallas que habían sido construidas en sus emociones, quizás por las experiencias relacionales o la falta de relación con sus padres terrenales u otros hombres en sus vidas. Oh, ellas conocían del amor de Dios y ellas verdaderamente amaban al Señor, pero al mismo tiempo parecían estancadas y no se permitían ellas mismas ir más allá del reconocimiento del amor del Padre. Ellas nunca se permitían ser completamente capturadas por el amor que es tan poderoso e increíble y se nos es dado libremente. La escritura dice, *"En el amor no hay temor; sino que el perfecto amor hecha fuera el temor; porque el temor lleva en si castigo. De donde el que teme, no ha sido perfeccionado en el amor." 1 Juan 4: 18*

¿Es usted una de esas preciosas mujeres que está estancada? ¿Hay alguien que usted conoce que está atrapada en ese lugar llamado, "temerse de ser amada por el Padre"? Si usted lo está, entonces mi oración es que al leer cada página Dios le ministre de tal manera que usted le permita acceso libre a cada área de su corazón. Él puede traer a la superficie y sanar esas cosas en sus emociones que le han impedido a usted el permitirle a Él amarle. Si conoce a otras que están en este lugar, espero que usted adquiera un mejor entendimiento de como orar por ellos para que sean sanados, para que el amor del Padre pueda imperar cada fibra de su ser y que puedan verdaderamente permanecer en Su paz y gozo.

HABÍA UN GUSANO EN MI MANZANA

Aquí estoy en el huerto de la vida
Esperando y deseando por un día sin contienda
Hay un gusano en mi manzana.

Como llego allí; no tengo idea
Oh yo, que hago
Estoy cansada de pasar por eso,
Hay un gusano en mi manzana.

Dios creo a todas las criaturas grandes y pequeñas.
Pero, esta no importa para nada.
Es la causa de mi gran caída.
Hay un gusano en mi manzana.

Él se está comiendo lo que es mío.
Oh, Padre ayúdame por favor dame una señal,
Algún Alivio que deseo encontrar.
Hay un gusano en mi manzana.

Es un intruso, un parasito, no pertenece allí.
Él se está comiendo y robando mi canción.
Oh, liberación; la deseo y la necesito.
Hay un gusano en mi manzana.

Por fuera me veo bien,
Desesperadamente deseando mantenerlo a la distancia.
Señor, ayúdame ahora es lo que pido.
No quiero a este gusano en mi manzana.

Una palabra tuya, Señor me hará libre.
Liberada para ser lo que Tú quieres que sea
No quiero ser ciega, quiero ver
Tenía un gusano en mi manzana.

Oh, mírame ahora nueva y brillo.
A ese gusano le digo, "Termine contigo."
Sé que fue mi Padre quien me ayudo.
¡Ya no hay gusano en mi manzana!

1

Abrazando el amor del Padre: Del reconocimiento al entendimiento

Por esta causa doblo mis rodillas ante el Padre de nuestro Señor Jesucristo, de quien toma nombre toda familia en los cielos y en la tierra, para que os de, conforme a las riquezas de su gloria, el ser fortalecidos con poder en el hombre interior por su Espíritu; para que habite Cristo por la fe en vuestros corazones, a fin de que, arraigados y cimentados en amor, seas capaces de comprender con todos los santos cual sea la anchura, la longitud, la profundidad y la altura, y de conocer el amor de Cristo, que excede a todo conocimiento, para que seas llenos de toda plenitud de Dios.
Efesios 3: 14-19

No puedo recordar exactamente cuando fue que me di cuenta de que Dios existe y que me ama a mí. Sin embargo, fue como cuando me senté de niña en el patio de atrás de la Sra. Turner y ella nos sirvió galletas y kool-aid a nosotros los niños y nos contó una historia tras otra de la biblia. Oh quizás fue como cuando me senté en el pequeño salón de clases de la escuela dominical y nos mostraron una película de la crucifixión de Cristo. La verdad es que se siente como si yo siempre he conocido que Dios existe y que me ama a mí. Usted sabe que los niños tienen la habilidad de aceptar por fe aquellas cosas en las cuales para la mente de los adultos es una lucha. Para la mayoría de nosotros, el problema muy pocas veces ha sido el ser o no amados por Dios, pero yendo más allá de esa realidad es aceptar y abrazar ese amor. El deseo de Dios es mucho más que el simple reconocimiento de Su amor. Su deseo es que nosotros vayamos del conocimiento al entendimiento.

La palabra "reconocimiento" se define como "conocimiento o un reconocimiento". Hemos sido testigos una y otra vez de como Dios se mostró a si mismo al pueblo de Israel y así fue como ellos se animaron y reconocieron su amor por ellos. Dios, entonces nos revelo su amor por nosotros por medio de Su Hijo y la obra del calvario y nosotros también, hemos llegado a ser conscientes y de reconocer ese amor. Inicialmente aceptamos su amor entrando a una relación de amor con El,

Pero para muchos esa relación no continúa creciendo como debiera y se encuentran ellos mismos "estancados" en un lugar donde no permanecen en ese amor. Es casi como dar vuelta y vuelta en la ruleta de la vida; tratando de asirse del agarradero, pero nunca han podido agarrarlo. Dios quiere que vayamos más allá del reconocimiento de su amor al entendimiento de su amor. Entender significa conocer completamente por contacto directo. También significa abarcar o comprender. La comprensión tiene que ver con los sentidos y nuestros sentimientos. El Padre quiere que sintamos el amor que Él tiene por nosotros. El desea tocar nuestras emociones con su amor y capturarnos tanto que nos mueva a aceptarlo completamente y abrazar ese amor. Dios es amor.

En Efesios en el tercer capítulo el Apóstol Pablo les escribe a los santos en Éfeso que el misterio de Cristo el cual ha estado escondido por tanto tiempo le fue revelado a él. Ese misterio fue que nosotros (los gentiles) seriamos con-herederos en Cristo. Judíos y gentiles serian ahora el Cuerpo de Cristo igualmente sirviendo juntos. El continuo y oro que ellos tuvieran mayor entendimiento del amor del Padre. Vamos a examinar más lo que el apóstol dijo…

"Por esta causa doblo mis rodillas ante el Padre de nuestro Señor Jesucristo, de quien toma nombre toda familia en los cielos y en la tierra, para que os de, conforme a las riquezas de su gloria, el ser

- **fortalecidos con** poder en el hombre **interior**, por su Espíritu;

La palabra **fortalecido** en griego es ratio/omaní que significa ser fuerte, pero no solo ser fuerte, pero aumentar en intensidad. Significa crecer.

La palabra griega para **hombre interior** significa el alma interna o la conciencia, la cual es esa parte de nosotros que, por medio del conocimiento de algo, afecta nuestra conducta. La conciencia gobierna nuestros pensamientos y nuestros pensamientos a nuestras acciones.

- para que **habite** Cristo por la fe en nuestros corazones.

La palabra **habite en** griego es katoikeÑw y significa inhabitar. Cristo literalmente llega y reside. Significa vivir, residir, llenar.

> a fin de que, **arraigados y cimentados** en amor, seáis plenamente capaces de comprender con todos los santos cual sea la anchura, la longitud, la profundidad y la altura—

El estar **arraigados y cimentados** significa estar establecido y el estar establecido significa reconocido, aceptado y puesto en una posición segura.

La palabra griega para **comprender** es katalamba/nw y significa asir con la mente; entender, percibir, aprender y comprender.

> **conocer** el amor de Cristo, que excede a todo conocimiento;

La palabra **conocer** en griego es ginwñskw y significa el aprender cómo, llegar a conocer, obtener conocimiento de, percibir, siente saber, entiende, tiene conocimiento de, entender

> para que seáis **llenos de** toda la **plenitud** de Dios.

La palabra **llenos** en griego es plhro/w y significa estar lleno, llenar, por ejemplo, el llenar completamente; causar que abunde, acomodar o suplir abundantemente (Tengo en abundancia, estoy suplida abundantemente)

La palabra **plenitud** en griego es plh/rwma y significa plenitud, abundando, abundancia y completa.

Ahora, vamos a leer Efesios 3: 16-19 de la versión Amplificada.

Para que os de, conforme a las riquezas de su gloria, el ser fortalecidos con poder en el hombre interior por su [Santo] Espíritu; [El Morando en su interior y personalidad]. ¡Para que habite Cristo por la fe [actualmente] (establecerse, habite, haga su vivienda permanente) en sus corazones! A fin de que arraigados y cimentados en amor, seáis plenamente capaces de comprender con todos los santos [el pueblo devoto de Dios, la expe-

riencia de ese amor] cual sea la anchura, la longitud, la profundidad y la altura, [de ese amor]; [que verdaderamente] de conocer [prácticamente, por experiencia propia] el amor de Cristo, que excede todo conocimiento, [sin experiencia];para que seáis llenos [en todo tu ser]en toda la plenitud de Dios [obtengáis la medida de las riquezas de su divina presencia, y lleguéis a ser un cuerpo completamente lleno y abundando en Dios! (Traducción de la versión Amplificada en inglés)
Efesios 3: 16-19 Biblia Amplificada

Si, enfáticamente es la intención de Dios que vayamos del reconocimiento al conocimiento de su amor a un mejor entendimiento y completa aceptación de ese amor. Nuestro Dios, quien es amor, quiere colmarnos de su amor santo sobre nosotros en nosotros y por medio de nosotros de una manera de que estemos totalmente prendados de Él. Él quiere que seamos tan afectados de su amor que estemos maravillados en su presencia.

> **Capitulo Uno**
>
> **Del conocimiento al entendimiento**
>
> **Tema central**
> **La voluntad de Dios para nosotros no es
> solo que reconozcamos que Él nos ama,
> pero también que cultivemos un
> entendimiento profundo de su amor,
> aceptemos ese amor y lo abracemos.**

La Palabra de Dios dice, *"que si no os volvéis y hacéis como niños…"* Mateo *18:3* Los niños tienen la habilidad de simplemente aceptar por fe aquellas cosas en las cuales los adultos batallan en su mente. Los niños parecen ser pequeñas esponjas en cuanto a aceptar y abrazar el amor que se les da. Como adultos muchos luchan no solo con el hecho de que Dios verdaderamente les ama, pero sus batallas son usualmente aceptando y abrazando ese amor. Reconocemos o estamos conscientes de ese amor por nosotros y lo reconocemos, pero el Padre quiere más para sus hijas. Su deseo para nosotras es mucho más que un simple reconocimiento. Su deseo para usted es de pasar del conocimiento al entendimiento.

1. Escriba, en sus propias palabras, una definición de lo que significa el reconocer algo.

_____

_____

_____

_____

2. Escriba, en sus propias palabras, una definición de lo que significa entender.

_____

_____

_____

_____

3. Cuál es la diferencia entre las dos?

_____

_____

_____

_____

4. Se acuerda usted cuando fue que se percató entusiasmadamente del amor de Dios?

_____

_____

_____

_____

_____

5. Busque en su biblia en el tercer capítulo de Efesios y lea el capítulo entero por lo menos cinco veces.

6. En los versos 14 -19 hay por lo menos cuatro cosas por las que el Apóstol Pablo pidió que Dios le diera a usted. Escriba esas cuatro cosas.

_____

_____

_____

_____

_____

7. Ahora explique, lo mejor que pueda, esas cuatro cosas.

_____

_____

_____

_____

_____

_____

_____

_____

_____

_____

_____

_____

_____

APLICACIÓN...

8. Escriba honestamente su reconocimiento personal del amor del Padre.

_____

_____

_____

_____

_____

9. Escriba honestamente de su entendimiento personal del amor de su Padre Celestial.

_____

_____

_____

_____

_____

10. Qué clase de hombre es (o era si ya no vive) su padre terrenal? Explique su relación que tiene o tenía con él.

_____

_____

_____

_____

_____

11. Siente que de la manera que usted ve a su padre terrenal ha impactado su entendimiento y aceptación del amor de su Padre Celestial? Si es así explique.

_____

_____

_____

_____

_____

_____

_____

_____

_____

Si, enfáticamente es la intención de Dios que vayamos del reconocimiento al conocimiento de su amor a un mejor entendimiento y completa aceptación de ese amor. Nuestro Dios, quien es amor, quiere colmarnos de su amor santo sobre nosotros en nosotros y por medio de nosotros de una manera de que estemos totalmente prendados de Él. Él quiere que seamos tan afectados de su amor que estemos compungidos en su presencia.

Oración

Padre, por favor perdóname por tener miedo de permitirte que me ames como lo deseas. Padre te pido que me sanes de todas mis heridas que han causado que yo tenga una visión distorsionada de tu amor por mí. Por favor corrige mi visión espiritual y aumenta mi entendimiento de tu amor y haz que yo acepte tu amor por mí y lo abrase con todo mi Corazón. En el Nombre de Jesús, amen.

DIARIO

(Ahora escriba aquellas cosas que le vienen a la mente al reflexionar en esta lección. Le ayudara a que usted repase las preguntas y las respuestas nuevamente.)

_____

_____

_____

_____

_____

_____

_____

_____

_____

_____

_____

_____

_____

_____

_____

_____

_____

_____

_____

_____

_____

_____

2

Abrazando el amor del Padre: Mirando a Israel, nuestro ejemplo

Porque no quiero, hermanos, que ignoréis que nuestros padres todos estuvieron bajo la nube, y todos pasaron el mar; y todos en Moisés fueron bautizados en la nube y en el mar, y todos comieron el mismo alimento espiritual, y todos bebieron la misma bebida espiritual; porque bebían de la roca spiritual que los seguía, y la roca era Cristo. Pero de los más de ellos no se agradó Dios; por lo cual quedaron postrados en el desierto. Mas estas cosas sucedieron como ejemplos para nosotros, para que no codiciemos cosas malas, como ellos codiciaron.
1 Corintios 10: 1-6

Una de las maneras en que podemos llegar a un mejor entendimiento del infinito amor de Dios es mirar hacia atrás y estudiar y examinar la relación de amor que Él tenía con los hijos de Israel. Creo que es seguro decir que Dios destino para nosotros, la iglesia del "Nuevo Testamento que miráramos a la "Iglesia del Desierto" como ejemplo o patrón (en algunos aspectos) para la iglesia de hoy.

En 2 Timoteo 3 :15-16 Pablo dice que, *"...y que desde la niñez has sabido las Sagradas Escrituras, las cuales te pueden hacer sabio para la salvación por la fe que es en Cristo Jesús. Toda la Escritura es inspirada por Dios, y útil para ensenar, para redargüir, para corregir, para instruir en justicia"*. Pablo no se podía estar refiriendo exclusivamente a la escritura del Nuevo Testamento porque, en el tiempo que le escribió esta carta a Timoteo, el Nuevo Testamento estaba en el proceso de ser escrito y / o examinado por la autenticidad y autoridad de su contenido. Pablo tenía que estar hablando de la ley del Viejo Testamento. Fue la ley del Viejo Testamento lo que Timoteo estudio de niño. También en el capítulo 10 de 1 Corintios, Pablo declara específicamente que la historia de la nación de Israel sirve de ejemplo para la iglesia. Habiendo dicho esto, vamos a examinar lo que ha sido revelado a nosotros acerca de la relación de amor que Dios destino y tuvo con los hijos de Israel y lo que significa hoy para la iglesia del Nuevo Testamento.

"Porque para el Señor tu Dios tú eres un pueblo santo; él te eligió para que fueras su posesión exclusiva entre todos los pueblos de la tierra. El Señor se encariñó contigo y te eligió, aunque no eras el pueblo más numeroso sino el más insignificante de todos. 8 Lo hizo porque te ama y quería cumplir su juramento a tus antepasados; por eso te rescató del poder del faraón, el rey de Egipto, y te sacó de la esclavitud con gran despliegue de fuerza. Reconoce, por tanto, que el Señor tu Dios es el Dios verdadero, el Dios fiel, que cumple su pacto generación tras generación, y muestra su fiel amor a quienes lo aman y obedecen sus mandamientos, hasta mil generaciones;" Deuteronomio 7: 6-9 (NVI)

La intención original de Dios para los hijos de Israel fue primero que nada para que entraran a un "pacto de amor" con El. Dios los escogió por ninguna otra razón más que su amor por ellos. Pienso en los deportes y el cómo escogemos a las de nuestro equipo quienes son las más fuertes o las más rápidas. En cuanto a las académicas, usualmente las que son escogidas son las más inteligentes o las más brillantes.

Pero Israel no fue escogido por lo antes mencionado, pero simplemente porque Dios puso su amor sobre ellos, y Él les hizo una promesa. Por eso es que El los separo y puso su mano sobre ellos, no por ninguna otra razón. Es casi como que si Dios escogió a propósito al desvalido para que El pudiera usar la insuficiencia de ellos para probarles que Él era Dios.

Recuerda los días de antaño; considera las épocas del remoto pasado. Pídele a tu padre que te lo diga, y a los ancianos que te lo expliquen. Cuando el Altísimo dio su herencia a las naciones, cuando dividió a toda la humanidad, les puso límites a los pueblos según el número de los hijos de Israel. Porque la porción del Señor es su pueblo; Jacob es su herencia asignada. Lo halló en una tierra desolada, en la rugiente soledad del yermo. Lo protegió y lo cuidó; lo guardó como a la niña de sus ojos; como un águila que agita el nido y revolotea sobre sus polluelos, que despliega su plumaje y los lleva sobre sus alas. Sólo el Señor lo guiaba; ningún dios extraño iba con él. Lo hizo cabalgar sobre las alturas de la tierra y lo alimentó con el

fruto de los campos. Lo nutrió con miel y aceite, que hizo brotar de la roca; con natas y leche de la manada y del rebaño, y con cebados corderos y cabritos; con toros selectos de Basán y las mejores espigas del trigo. ¡Bebió la sangre espumosa de la uva!
Deuteronomio 32:7-14 (NVI)

Oh, cuanto escuchamos del **amor y cuidado** que Dios tiene por ese pueblo. ***Lo protegió y lo guardo como a la "niña de su ojo"*** Dios los amo tanto que ellos fueron protegidos por El y fueron considerados algo precioso para El.

Y en cuanto a tu nacimiento, el día que naciste no fue cortado tu ombligo, ni fuiste lavada con aguas para limpiarte, ni salada con sal, ni fuiste envuelta con fajas. No hubo ojo que se compadeciese de ti para hacerte algo de esto, teniendo de ti misericordia; sino que fuiste arrojada sobre la faz del campo, con menosprecio de tu vida, en el día que naciste. "'Y yo pase junto a ti, y te vi sucia en tus sangres, y cuando estabas en tus sangres te dije: ¡vive! Si, te dije cuando estabas en tus sangres: ¡Vive! Y te hice multiplicar como la hierba del campo; y creciste y te hiciste grande, y llegaste a ser muy hermosa; tus pechos se habían formado, y tu pelo había crecido, pero estabas desnuda y descubierta. "'Y pase yo otra vez junto a ti, y te mire, y he aquí que tu tiempo era tiempo de amores; y extendí mi manto sobre ti, y cubrí tu desnudez; y te di juramento y entre en pacto contigo, dice Jehová el Señor, y fuiste mía. Te lave con agua, y lave tus sangres de encima de ti, y te ungí con aceite; y te vestí de bordado, te calce de tejón, te ceñí de lino y te cubrí de seda. Y te atavíe con adornos, y puse brazaletes en tus brazos y collar a tu cuello. Puse joyas en tu nariz, y zarcillos en tus orejas, y una hermosa diadema en tu cabeza. Así fuiste adornada de oro y de plata, y tu vestido era de lino fino, seda y bordado; comiste flor de harina de trigo, miel y aceite; y fuiste hermoseada en extremo, prosperaste hasta llegar a reinar. Y salió tu renombre entre las naciones a causa de tu hermosura; porque era perfecta, a causa de mi hermosura que yo puse sobre ti, dice Jehová el Señor. Ezequiel 16: 4-14

¡Oh, que intimidad y amor le fue mostrado al suplir sus **bendiciones físicas**! En un tiempo en nuestra relación, mi esposo salía a comprarme zapatos y vestidos que el escogía. Ha pasado un tiempo desde la última vez que hizo eso por mí. No es que él no quiera hacer eso por mi otra vez, pero es que no hay mucho que escoger donde vivimos ahora. No hace mucho me lo menciono cuanto le gustaba hacer eso por mí y lo extraña. Y me di cuenta que esta es una gran expresión de su amor por mí. Mi oración es que yo siempre reconozca cuanto el en realidad me ama y no lo pase por alto.

De las misericordias de Jehová hare memoria, de las alabanzas de Jehová, conforme a todo lo que Jehová nos ha dado, y de la grandeza de sus beneficios hacia la casa de Israel, que les ha hecho según sus misericordias, y según la multitud de sus piedades. Porque dijo: ciertamente mi pueblo son, hijos que no mienten; y fué su Salvador. En toda angustia de ellos él fue angustiado, y el ángel de su faz los salvo; y en su clemencia los redimió, y los trajo, y los levanto todos los días de la antigüedad.
Isaías 63: 7-9

¿Puede usted escuchar como Dios, el Todopoderoso, el Creador del universo les amo tanto que cuando ellos sufrían, El sufría? ¿Puede escuchar usted como El sufrió junto con ellos cuando se metieron en problemas? Algunos 4,000 años después leemos que Jesucristo, nuestro Sumo Sacerdote también, *"se compadeció de nuestras debilidades" hebreos 4 :15.* **A Dios le importó el sufrimiento de ellos.**

Si, la intención de Dios era que miráramos a la "Iglesia del desierto "como ejemplo de Su intención de un pacto de una relación de amor. Y haciéndolo, podemos ser testigos de su amor y su cuidado, su deseo de intimidad; y provisión física. Todo esto fue una evidencia sólida de Su amor y que a él le importaba sus pruebas y sufrimientos. Pero aún hay mucho más.

Capitulo dos

Mirando a Israel, nuestro ejemplo

Tema central
La intención de Dios para
nosotros, la "Iglesia del Nuevo
Testamento", es que usemos a la
"Iglesia del desierto" como
ejemplo o patrón (en algunos
aspectos) para la iglesia de hoy.

Si nosotros, como Iglesia del Nuevo Testamento, volvemos atrás y estudiamos o examinamos la relación de amor que el Padre tenía con Israel, nos dará un gran entendimiento del amor que El intenta con nosotros. Dios tiene un pacto de amor con su pueblo. Cuando vemos como El actuó con Israel, somos testigos de su amor y cuidado, su deseo de intimidad, y su provisión física. Todo esto fue una evidencia de su amor por ellos y que a Él le importaba acerca de sus problemas y sufrimientos.

1. Lea 1 Corintios 10: 1-14 por lo menos cinco veces antes de contestar las siguientes preguntas.

2. Que esta Dios diciendo acerca de la nación de Israel y la iglesia del Nuevo Testamento?

_____

_____

_____

_____

_____

3.Busque la palabra "ejemplo" y escribe la definición.

_____

_____

_____

_____

_____

4. Ahora lea Deuteronomio 7: 1-10 por lo menos cinco veces.

5. Porque Dios escogió a Israel para ser pueblo santo para El?

_____

_____

_____

_____

_____

_____

6. Cual fue la promesa para esa nación en el verso 9?

_____

_____

_____

_____

_____

_____

7. Lea Deuteronomio 32: 7-14 y Ezequiel 16: 4-14. Ahora escriba en sus propias palabras como Dios demostró Su amor por Israel.

_____

_____

_____

_____

_____

_____

_____

_____

_____

_____

_____

_____

_____

APLICACIÓN...

8. Leí en algún lugar que el no creer es el no aceptar. Si eso es verdad, entonces el creer es aceptar. Si usted cree que Dios desea entrar en un pacto de amor con usted, entonces escriba una convención de fe hecha realidad.

_____

_____

_____

_____

_____

9. Ahora escriba por lo menos diez cosas con las cuales Dios le ha bendecido a usted que prueba que El suple sus bendiciones físicas.

_____

_____

_____

_____

_____

_____

_____

_____

_____

_____

_____

10. Ahora escriba por lo menos una tribulación por la que usted paso y usted sabe sin duda alguna que fue Dios quien el saco de esa tribulación.

_____

_____

_____

_____

_____

_____

_____

_____

_____

_____

_____

_____

11. ¿Usted cree que es la voluntad del Padre amarle a usted y, si es así, por qué?

_____

_____

_____

_____

_____

_____

_____

12. Usted siente que es digna de aceptar ese amor? Por favor explique su respuesta.

_____

_____

_____

_____

_____

_____

_____

Dios no hace acepción de personas y nos ama a todos por igual. Recuerdo el día que Dios me revelo a mí que la tierra que estaba a los pies de la cruz estaba nivelada. Déjeme explicarle... cada persona en el planeta fue o es un pecador y todos están en la necesidad de un Salvador y todos tienen que venir a Cristo. Desde el más pobre hasta el más rico es lo mismo. Dios no ama a uno más que al otro. Fue en ese momento que vi mi valor en Dios y supe que no importaba de donde venía yo o como fui criada o por lo que había pasado o no en la vida. Lo único que importaba era que yo era amada por el Padre y que él me vio cómo su hija y no me ofrecía más o menos que los demás. Él me amaba por lo que era y soy y no tenía que cambiarme a mí misma o hacerme lo suficiente buena para ser aceptada por El.

¡Todo lo que tenía que hacer era aceptar Su invitación y venir!

Oración

Padre, gracias por amarme a mí. Por favor ayúdame a aceptar el hecho de que me escogiste a mi simplemente porque me amas y has dispuesto que sea tu hija. En el nombre de Jesús, Amen.

DIARIO

(Escriba aquellas cosas que le vienen a la mente mientras reflexiona en esta lección. Le ayudara repasar nuevamente las preguntas y las respuestas.)

_____

_____

_____

_____

_____

_____

_____

_____

_____

_____

_____

_____

_____

_____

_____

_____

_____

_____

_____

_____

3

Abrazando el amor del Padre: Israel, un Tesoro especial

"En el mes tercero de la salida de los hijos de Israel de la Tierra de Egipto, en el mismo día llegaron al desierto de Sinaí. Habían salido de Refidim, y llegaron al desierto de Sinaí, y acamparon en el desierto; y acampo allí Israel delante del monte. Y Moisés subió a Dios; y Jehová lo llamo desde el monte, diciendo: así dirás a la casa de Jacob, y anunciaras a los hijos de Israel: vosotros visteis lo que hice a los egipcios, y como os tome sobre ala de águilas os he traído a mí. Ahora pues, si diereis oído a mi voz, y guardareis mi pacto, vosotros seréis mi especial tesoro sobre todos los pueblos; porque mía es toda la tierra. Y vosotros me seréis un reino de sacerdotes, y gente santa. Estas son las palabras que dirás a los hijos de Israel."
Éxodo 19:1-6

En Éxodo en el capítulo 19, versos del uno al seis, el Señor le dijo a la nación de Israel como El los llevo sobre alas de águilas. En lo natural cuando es tiempo de que la pequeña águila deje su nido; la madre águila prepara a esa águila para dejar ese nido. Lo primero que ella hace es hacer el nido, el cual ha sido un lugar confortable, muy inconfortable. La madre águila hace esto moviendo ese nido. Ella elimina lo suave y rompe las ramitas para que las puntas sobresalgan. Dios hizo lo mismo con Su nación en el que El permitió las condiciones en Egipto se hicieran insoportables que el pueblo comenzó a clamarle a Él. La madre águila comenzara también a sacudirse sobre el nido golpeándolo con sus alas. Para escaparse de esa sacudida la pequeña águila se mueve hacia el borde del nido, y al mismo tiempo la madre estira sus alas. La pequeña águila se sube a su espalda y se agarra, volando con su madre; va donde quiera que ella vaya. Y así empieza el proceso de como aprender a volar solo de la pequeña águila.

Dios había traído a su nación fuera de la tierra de Egipto cuidando de ella todo el camino al entrar al desierto de Sinaí. Seria allí que Él les daría una nube de día y una de fuego en la noche para dirigirlos donde Él les mostraría que fueran, así como lo hizo el águila, agarrado de la espalda de su mama al ella volar. Así mismo lo harían los hijos de Israel siguiendo a su Padre.

Cuando el Señor llamo a Moisés desde el monte, Dios le dijo que le dijera al pueblo que si ellos continuaban caminando en pacto con El que ellos serían un **tesoro especial** para El por encima de todos los pueblos. La palabra peculiar en hebreo es segullah y significa posesión, propiedad, tesoro valioso. El pueblo de Israel le pertenecía a Dios. Eso significo que solo Él era responsable del bienestar de ellos, supliéndoles todas sus necesidades, y protegiéndolos de todo mal y peligros. Dios comparo a Israel con un tesoro. Un tesoro es algo considerado de un gran valor y precio. Un tesoro es algo de utilidad contrario a inutilidad. El pueblo de Israel era de ser un pueblo estimado como extraordinario o precioso. La nación de Israel debía ser un pueblo de gran propósito.

Porque el Señor ha escogido a Jacob para sí, a Israel por posesión suya.
Salmo 135:4

Porque eres pueblo santo a JEHOVA tu Dios, y JEHOVA te ha escogido para que le seas un pueblo único de entre todos los pueblos que están sobre la tierra.
Deuteronomio 14:2

Has declarado solemnemente hoy que JEHOVA es tu Dios, y que anduvieras en sus caminos, y guardaras sus estatutos, sus mandamientos y sus decretos, y que escucharas su voz. Y JEHOVA ha declarado hoy que tú eres pueblo suyo, de su exclusiva posesión, como te lo ha prometido, para que guardes todos sus mandamientos; a fin de exaltarte sobre todas las naciones que hizo, para loor y fama y gloria, y para que seas un pueblo santo a JEHOVA tu Dios, como Él ha dicho.
Deuteronomio 26:17-19

Es tan evidente en las escrituras que Israel fue específicamente escogido por el Padre y que ellos tenían un lugar especial en su corazón. Su relación era única. Era única porque ellos eran menos que todos los pueblos y los que menos serian escogidos y aun así Dios los escogió a ellos para Su reino con un propósito y les dio un valor tan precioso que solo El sería responsable de su cuidado y protección. Ellos eran su tesoro peculiar, pero también un reino de sacerdotes.

Capitulo tres

Israel, un tesoro peculiar

Tema central
La relación que el Padre tenía con
Israel era única. Ellos eran su
tesoro peculiar

Israel, una nación en esclavitud, clamo al Padre por liberación y Él les envió un libertador. El demostró su amor por ellos una y otra vez por su divina providencia por ellos. La nación ocupo un lugar tan especial en Su corazón los escogió a ellos porque les amo y su relación era verdaderamente única. Ellos eran Su especial Tesoro. Solo Él era responsable por el bienestar de ellos.

1. Lea Éxodo capitulo uno hasta el diecinueve antes de contestar las siguientes preguntas.

2. Desde el principio del éxodo hasta que llegaron al monte Sinaí, haga una lista de por lo menos diez maneras que usted leyó Dios proveyó para Israel, probando así que la nación tenía un lugar especial en el corazón del Padre.

_____

_____

_____

_____

_____

_____

_____

_____

_____

_____

3. En el verso 4 de éxodo capitulo diecinueve el Señor dijo que el "los tomo como alas de águilas y los trajo a sí mismo" Escriba en sus propias palabras, una analogía entre como la madre águila cuida por su pequeño y como el Padre cuido a Israel.

_____

_____

_____

_____

_____

_____

_____

_____

_____

4. Busque las palabras "peculiar" y "tesoro" en el diccionario y escriba los significados abajo.

_____

_____

_____

_____

_____

_____

_____

5. Como era Israel un tesoro peculiar para el Padre?

_____

_____

_____

_____

_____

_____

_____

6. Lea todo el salmo 139 por lo menos cinco veces. Léalo en voz alta una vez.

7. Ahora lea nuevamente los versos 13 hasta el 18. ¿Qué significan estos versos para usted?

_____

_____

_____

_____

_____

8. Ahora lea Jeremías 1: 1-5. Cree usted que, así como Dios escogió a Jeremías antes de que naciera, que usted también fue escogida por el Padre? ¿Cómo eso la hace sentir?

_____

_____

_____

_____

_____

9. Porque cree que El la escogió a usted?

_____

_____

_____

_____

_____

APLICACIÓN

10. Escriba una confesión de fe concerniente a su posición o su relación con Dios. Léalo en voz alta para usted misma.

_____

_____

_____

_____

_____

_____

Así como Israel fue específicamente escogido por el Padre y tuvo un lugar especial en su corazón también nosotros. La de ellos era una relación única en que ellos eran los menos de todos los pueblos y los menos el ser escogidos. Aun así, Dios los escogió para un propósito para Su reino y los valoro como tan preciosos que El solamente sería responsable de su cuidado y protección.

Oración...

Padre, gracias por escogerme a mí; antes de que naciera. Por favor ayúdame a entender mi posición en ti y aceptar mi posición en ti. Ayúdame a darme cuenta de que Usted ha escogido el hacerse responsable por mi cuidado y bienestar y que yo debo confiar en Usted para todo. En el nombre de Jesús, amen.

EN SU DIARIO

(Escriba aquellas cosas que le vienen a la mente mientras reflexiona en esta lección. Le ayudara repasar nuevamente las preguntas y las respuestas.)

_____

_____

_____

_____

_____

_____

_____

_____

_____

_____

_____

_____

_____

_____

_____

_____

_____

_____

_____

_____

_____

4

Abrazando el amor del Padre: Israel, un reino de sacerdotes

Vosotros visteis lo que hice a los egipcios, y como os tome sobre alas de águilas, y os he traído a mí. Ahora, pues, si dieres oído a mi voz, y guardares mi pacto, vosotros seréis mi especial tesoro sobre todos los pueblos; porque mía es toda la tierra. Y vosotros me seréis un reino de sacerdotes, y gente santa. Estas son las palabras que dirás a los hijos de Israel. Entonces vino Moisés, y llamo a los ancianos del pueblo, y expuso en presencia de ellos todas estas palabras que Jehová le había mandado. Y todo el pueblo respondió a una, y dijeron: Todo lo que Jehová ha dicho, haremos. Y Moisés refirió a Jehová las palabras del pueblo.
Éxodos 19: 4-8

La palabra sacerdote es usada algunas 700 veces en el viejo testamento; sin embargo, no está siempre en relación con la nación entera de Israel en representar a Dios como sacerdotes. Walter B. Shurden en su libro, La doctrina del sacerdocio de los creyentes, dice, "Un sacerdote es alguien quien se relaciona con Dios y actúa por El. La palabra hebrea para sacerdote es kohen, un sujeto, y está asociado con el verbo kahen, lo cual con toda probabilidad significa mantenerse de pie. Así que, un sacerdote es uno que se puso de pie delante de Dios como un siervo o ministro." Para ayudarnos a entender este concepto toda la nación de Israel siendo un reino de sacerdotes; retrocedamos al tiempo cuando ellos fueron liberados de la esclavitud de Egipto.

Dios milagrosamente libero a los hijos de Israel de la esclavitud de Egipto. Como la armada egipcia los correteo, Dios literalmente abrió las aguas del Mar Rojo y la nación entera caminó por tierra seca. Casi inmediatamente ellos fueron al desierto Shur y después de estar allí por tres días y no encontraron agua. Finalmente llegaron a un lugar llamado Mara y el agua allí era amarga – no se podía tomar. Fue allí en Mara que el Señor les dijo que, si obedecían sus mandamientos, Él no les pondría ninguna de las enfermedades que él había traído sobre los egipcios. Él se revelo a ellos como Jehová Rafa, el Señor que te sana.

Siguieron adelante en su jornada y llegaron a un lugar llamado Elim y allí había 12 pozos de agua y 70 palmas. Allí fue donde acamparon, cerca de la fuente de agua. El nombre Elim significo árboles y ellos estuvieron allí como un mes. Desde allí ellos viajaron al desierto del pecado. Fue allí que Dios milagrosamente proveyó el alimento para ellos y ellos se saciaron de esa provisión milagrosa por 40 años.

La nación había viajado desde Egipto (el lugar de su esclavitud) a Mara (el lugar donde lo que era amargo se cambió a dulce) a Elim (el lugar de protección milagrosa y provisión) al desierto del pecado (lugar entre Elim y el Monte Sinaí) a un lugar llamado Rephidim (ese nombre significaba descanso, pero llego a ser un lugar de guerra). Fue en Rephidin que ellos pelearon la primera batalla y Dios se mostró a ellos como Jehová Nissi que ellos pelearon su primera batalla y Dios se les revelo a ellos como Jehová Nissi – El Señor es mi estandarte.

Ellos siguieron viajando y los encontramos in el desierto de Sinaí listos para acampar delante del monte de Dios. Antes de que ellos se establecieran en Dios, quien ya se les había revelado a ellos como El que les amaba, Su proveedor, protector y guía, asesaba sellar su relación con un pacto de común acuerdo. Leamos lo que paso en Éxodo 19: 3-6.

> *Y Moisés subió a Dios; y Jehová lo llamo desde el monte, diciendo: Así dirás a la casa de Jacob, y anunciaras a los hijos de Israel: vosotros visteis porque hice a los egipcios, y como os tome sobre alas de águilas os he traído a mí. Ahora, pues, si dieres oído a mi voz, y guardareis mi pacto, vosotros seréis mi especial tesoro sobre todos los pueblos; porque mía es toda la tierra. Y vosotros me seréis un reino de sacerdotes, y gente santa. Estas son las palabras que dirás a los hijos de Israel."*

Dios le extendió una invitación a toda la nación a ser sacerdotes, a ser pueblo que estuviera delante de El cómo sus ciervos y ministros. Ellos se relacionarían con el Padre actuarían por El.

Entonces vino Moisés, y llamo a los ancianos del pueblo, y expuso en presencia de ellos todas estas palabras que Jehová le había mandado. Y todo el pueblo respondió a una, y dijeron: Todo lo que Jehová ha dicho, haremos. Y Moisés refirió a Jehová las palabras del pueblo.
Éxodo 19:7-8

En su respuesta al Padre, ese día ellos estuvieron de acuerdo en ser su reino, bajo su gobierno soberano. ¡Ellos reinarían con su Rey, Dios Jehová!

Y extranjeros apacentarán vuestras ovejas, y los extraños serán vuestros labradores y vuestros viñadores. Y vosotros seréis llamados sacerdotes de Jehová, ministros de nuestro Dios seréis llamados; comeréis las riquezas de las naciones, y con su gloria seréis sublimes.
Isaías 61: 5-6

El intento original de Dios era que Israel fuera un reino de sacerdotes. Oh, formalmente ellos tenían el sacerdocio también y podemos aprender mucho del orden divino del sacerdocio levítico. Hay mucho simbolismo en el sacerdocio lo cual nos puede ayudar a entender mejor lo que significó para Dios que la nación sería un reino incorporado de sacerdotes. Primero debemos preguntar y tratar de responder la pregunta: "Que tan importantes son los símbolos para un grupo o pueblo o nación?"

Algunos años atrás me pidieron que llevara un mensaje a un grupo de mujeres y el tema era "la herencia santa de américa". Una de las cosas en la que puse énfasis fue la bandera de y como la bandera de una nación es su símbolo de unidad y solidaridad. nuestra nación. Por eso fue que la bandera siempre fue llevada a la batalla. Durante el mensaje hable del mismo diseño de la bandera original e hice especulaciones y compare esas especulaciones con la Palabra de Dios. El resultado final fue que todos miramos a la bandera americana de una manera diferente a como la habíamos visto antes y nos dio un mayor significado de la escritura, *"Bienaventurada la nación cuyo Dios es Jehová" Salmo 33: 12.*

Cuando Moisés subió al Monte Sinaí y paso 40 días y noches allí, el Señor le dio las especificaciones para un sacerdocio levítico. Si miramos más de cerca, es en el simbolismo del sacerdocio levítico que podemos encontrar lo que significa ser un reino de sacerdotes para la nación entera.

*Y santificare el tabernáculo de reunión y el altar; santificare así mismo
a Aarón y a sus hijos, para que sean mis sacerdotes. Y habitare entre
los hijos de Israel, y seré su Dios. Y conocerán que yo soy Jehová su
Dios, que los saques de la tierra de Egipto, para habitar en medio de
ellos. Yo Jehová su Dios.*
Éxodo 29: 44-46

Vemos dos cosas que simbolizan en este verso escritural que indica el sacerdocio de la nación entera. Primero vemos la liberación divina de Egipto. El hecho de que Dios creó una salida para su pueblo escogido para que finalmente saliera de la esclavitud egipcia represento o simbolizo Su intervención divina. Dios no intervino porque ellos eran una gran nación, o porque hubieran hecho algo que lo merecieran. Al contrario. Simplemente porque Él les amo y El los escogió a ellos, y El los escogió simplemente porque El los amo.

La elección de Aarón y sus hijos para el sacerdocio levítico fue preferencia soberana de Dios. La preferencia y liberación fueron ambas por su gracia-nada más, nada menos. La liberación llego a ser un recordatorio constante de la intervención de Dios en sus vidas diarias, y la elección de aquellos para sacerdocio llego a ser un recordatorio constante de que Dios escoge a quien quiere.

Miles de años después el apóstol Pedro escribió concerniente a nosotros… *Mas vosotros sois linaje escogido, real sacerdocio, nación santa, pueblo adquirido por Dios, para que anunciéis las virtudes de aquel que os llamo de las tinieblas a su luz admirable." 1 Pedro 2:9* Amada, usted ha sido escogida por Dios, y tu propósito es mostrar Sus alabanzas con su vida. Usted no fue un accidente. ¡Dios le escogió a usted! El Padre le dijo a Jeremías, el profeta, *"Antes que te formase en el vientre te conocí, y antes que nacieses te santifique, te di por profeta a las naciones." Jeremías 1: 5*

La segunda cosa simbolizada en el sacerdocio levítico es el lugar de morada del Padre, el tabernáculo de reunión. Era el lugar físico donde se manifestaría la presencia de Dios a su pueblo. Era donde el sacerdote ministraba, porque ellos eran los nombrados por Dios de hacerse cargo de Su morada. Ellos eran los cuidadores. Walter B. Shurden dice que esto era la evidencia de la presencia de Dios en medio de ellos. La nación estaba constantemente consciente de la presencia de Dios en medio de ellos y los sacerdotes eran los testigos vivientes de su presencia.

Desechando, pues, toda malicia, todo engaño, hipocresía, envidias y todas las detracciones, desead como niños recién nacidos, la leche espiritual no adulterada, para que por ella crezcáis para salvación, si es que habéis gustado la benignidad del Señor. Acercándoos a él, piedra viva, desechada ciertamente por los hombres, más para Dios escogida y preciosa, vosotros también, como piedras vivas, sed edificados como casa espiritual y sacerdocio santo, para ofrecer sacrificios espirituales aceptables a Dios por medio de Jesucristo. Por lo cual también contiene la escritura: He aquí, pongo en Sion la principal piedra escogida, preciosa; y el que creyere en él, no será avergonzado. Para vosotros, pues, los que creéis, él es precioso; pero para los que no creen, la piedra que los edificadores desecharon, ha venido a ser la cabeza del Angulo; piedra de tropiezo, y roca que hace caer, porque tropiezan en la palabra, siendo desobedientes; a lo cual fueron también destinados. Mas vosotros sois linaje escogido, real sacerdocio, nación santa, pueblo adquirido por Dios, para que anunciéis las virtudes de aquel que os llamo de las tinieblas a su luz admirable; a rock of ofensa." ...
1 Peter 2: 1-9

Así como el tabernáculo de reunión era el lugar donde se manifestaba la presencia de Dios, y los sacerdotes levíticos eran los cuidadores de esa morada del Padre, nosotros somos ahora esa casa espiritual. Nosotros somos ese edificio con Cristo siendo la piedra del Angulo. Somos ese edificio no creado con manos de hombre, pero hecho a la medida por el Padre, comprado por el Hijo, y habitado por el Espíritu Santo quien es el Espíritu de Cristo.

"Porque por medio de El los unos y los otros tenemos entrada por un mismo espíritu al Padre. Así que ya no sois extranjeros ni advenedizos, sino conciudadanos de los santos, y miembros de la familia de Dios, edificados sobre el fundamento de los apóstoles y profetas, siendo la principal piedra del Angulo Jesucristo mismo, en quien todo el edificio, bien coordinado, va creciendo para ser un templo santo en el Señor; en quien vosotros también sois juntamente edificados para morada de Dios en el Espíritu"
Efesios 2: 18-22

Fuimos escogidos por Dios para sea construidos en una morada para El mismo. Piense que un Dios santo escogería un vaso tan impío, tan indigno para hacer una morada para sí mismo. Pero creo que era su propósito el mantenernos humildes y dependiendo de Él. Oh, la misericordia y gracia y tan buen corazón y amantísimo Padre. Oh, cuanto nos ama y desea que abracemos ese amor. Aún hay más. Somos una nación santa.

Capitulo cuatro

Israel, un reino de sacerdotes

Tema central
Dios escogió a Israel para ser un
ejemplo de sacerdocio

Dios le extendió la invitación a la nación entera de Israel a ser sacerdotes, a ser un pueblo que estuviera delante de El cómo sus siervos como sus ministros. Ellos se relacionarían con el Padre y actuarían por El.

1. Walter B. Shurden en su libro, La doctrina del sacerdocio de creyentes, da una definición de un sacerdote. Escriba su definición abajo.

_____

_____

_____

_____

_____

2. Donde en las Escrituras puede usted encontrar la invitación que Dios le extendió a Israel a pararse delante de El como pueblo que le sirviera como Sus siervos y ministros?

_____

_____

_____

_____

_____

3. Que simbolismo en el sacerdocio levítico formal nos ayuda a entender como Israel sería un reino corporativo de sacerdotes? Vea Éxodos 29: 44-46.

_____

_____

_____

_____

_____

_____

_____

_____

_____

_____

4. Cuando Dios nos salva somos sacados de la esclavitud, así como Israel fue traído de la esclavitud egipcia. Escriba un breve testimonio de como Dios le salvo a usted y le saco de la esclavitud.

_____

_____

_____

_____

_____

_____

_____

_____

_____

_____

5. Somos ahora la morada del Espíritu Santo de Dios. ¿Cómo le hace sentir que el mismo Espíritu que resucito a Cristo de entre los muertos vive dentro de usted?

_____

_____

_____

APLICACIÓN

6. Escriba por lo menos tres maneras que usted ha intentado ser mejor en su servicio al Señor y como usted piensa hacerlo?

_____

_____

_____

_____

_____

_____

_____

_____

_____

Cuando estábamos viviendo en pecado y haciendo cosas a nuestra manera, Dios divinamente intervino y nos cortejo con su Santo Espíritu a una relación de amor con El que durara por la eternidad. Somos ahora Su casa donde mora Su Espíritu y somos cuidadores de esa casa. Nos relacionamos con el Padre y actuamos por El. Que la gente vea nuestras buenas obras y traiga gloria al Padre.

Oración

Señor, humildemente me presento y mi servicio delante de ti y te pido que me muestres áreas que necesito mejorar. Padre, muéstrame donde me falta y ayúdame a servirte con lo mejor de mí. Dame un corazón verdadero de servicio y ser efectivo para ti.

Enséñame a ser un verdadero servidor, así como lo hiciste con los discípulos. En el nombre de Jesús, amen.

EN SU DIARIO

(Ahora escriba esas cosas que le vienen a la mente al reflexionar en esta lección. Le ayudara regresar y mirar nuevamente las preguntas y respuestas.)

_____

_____

_____

_____

_____

_____

_____

_____

_____

_____

_____

_____

_____

_____

_____

_____

_____

_____

_____

_____

Abrazando el amor del Padre: Israel, una nación santa

*Vosotros visteis lo que hice a los egipcios, como os tome sobre alas de águilas, y os he traído a mí. Ahora, pues, si diereis oído a mi voz, y guardareis mi pacto, vosotros seréis mi especial tesoro sobre todos los pueblos, porque mía es toda la tierra. Y vosotros me seréis un reino de sacerdotes, y **gente santa.** Estas son lass palabras quedaras a los hijos de Israel."*
Éxodos 19: 4-6

Desde el tiempo que nacemos somos constantemente programados. Es como si fuéramos computadoras humanas bajando información constantemente y guardando información en el disco duro de nuestras almas para ser recordado después. Fui salvo en una cruzada de un predicador carismático y pronto después me hice miembro de una prominente denominación pentecostal. Esto fue durante el principio de los 80 así que había aun algunos que sintieron que santidad (para mujeres) era el no cortarse el cabello, no ponerse maquillaje, y no usar pantalones. Por alguna razón, nunca quede atrapado en toda esas reglas y regulaciones denominaciones de "no harás. Todo lo que yo sabía era que Dios me amaba a mí y yo lo amaba a Él y quería servirlo por el resto de mi vida. ¡Encontré interesante, sin embargo, que los que decían ser más santos en apariencia física demostraban algunas veces ser los diablos más grandes! Se podría decir que llegue a estar consiente temprano en que la santidad tiene muy poco que ver con la apariencia física, pero con la condición del corazón.

Dios llamo a Israel, "nación santa" El tratar de entender lo que Dios quiso decir creo que primero debemos empezar con Dios mismo. Su carácter es santidad.

"¿Quien, como tú, oh SEÑOR, entre los dioses? ¿Quién, como tú, magnifi-
co en santidad, terrible en maravillosas hazañas, hacedor de prodigios?
Exodo15:11

"No hay santo como Jehová; porque no hay ninguno fuera de ti, y no
hay refugio como el Dios nuestro.
1 Samuel 2:2

¿A qué, pues, me haréis semejante o me comparareis? Dice el Santo.
Isaías 40:25

Porque así dijo el Alto y Sublime, el que habita en la eternidad, y cuyo
nombre es el Santo: yo habito en la altura y la santidad, y con el quebran-
tado y humilde de espíritu, para hacer vivir el espíritu de los humildes, y
para vivificar el corazón de los quebrantados.
"Isaías 57:15

Dios es santo. La definición de santo como per teniente a Dios es digno de alabanza, exaltado, o digno de completa devoción porque Él es perfecto en bonda-
des y justicia. Goda es hoy. Dios es único

en que no hay nadie como Él. Es posible que llamando a Israel nación santa,
Dios estaba diciendo que ellos eran:

• Únicos en su relación con El. Santidad significa ser consagrado a Dios y
  ser separado para su voluntad y su propósito. Este hecho es lo que hizo a
  la nación de Israel única. Ellos no eran como ninguna otra nación.

Porque tú eres pueblo santo para JEHOVA tu Dios; JEHOVA tu Dios te ha
escogido para serle un pueblo especial, más que todos los pueblos que es-
tán sobre la tierra. Deuteronomio 7:6

• Una nación santa, significa que ellos pertenecían a Dios y El a ellos.
  Ellos dependían solo en El, no en ellos mismos o en nadie más, pero en
  Dios.

- Una nación santa en que Dios esperaba que ellos le obedecieran, y que por medio esta obediencia En los bendeciría tremendamente.

Y por haber oído estos decretos y haberlos guardado y puesto por obra, Jehová tu Dios guardara contigo el pacto y la misericordia que juro a tus padres. Y te amara, te bendecirá y te multiplicara, y bendecirá el fruto de tu vientre y el fruto de la tierra, tu grano, tu mosto, tu aceite, la cría de tus vacas, y los rebaños de tus ovejas, en la tierra que juro a tus padres que te daría. Bendito serás más que todos los pueblos; no habrá en ti varón ni hembra estéril, ni en tus ganados. Y quitará JEHOVA toda enfermedad; y todas las malas plagas de Egipto, que tú conoces, no las pondrá sobre ti, antes las pondrá sobre todos los que te aborrecieren. Y consumirás a todos los pueblos que te da JEHOVA tu Dios; no los perdonará tu ojo, ni servirás a sus dioses, porque te será tropiezo. "Si dijeres en tu corazón: estas naciones son mucho más numerosas que yo; ¿cómo las podres exterminar? — no tengas temor de ellas; acuérdate bien de lo que hizo JEHOVA tu Dios con Faraón y con todo Egipto; de las grandes pruebas que vieron tus ojos, y de la señales y milagros, y de la mano poderosa y el brazo extendido conque Jehová tu Dios te saco; así hará JEHOVA tu Dios con todos los pueblos de cuya presencia tu temieres. También enviara JEHOVA tu Dios avispas sobre ellos, hasta que parezcan los que quedaren y los que se hubieren escondido de delante de ti. No desmayes delante de ellos, porque JEHOVA tu Dios está en medio de ti, Dios grande y temible. Y JEHOVA tu Dios echara estas naciones de delante de ti poco a poco; no podrás acabar con ellas enseguida, para que las fieras del campo no se aumenten contra ti. Mas JEHOVA tu Dios las entregara delante de ti; y El las quebrantara con grande destrozo, hasta que sean destruidas. El entregará sus reyes en tu mano, y tu destruirás el nombre de ellos de debajo del cielo; nadie te hará frente hasta que los destruyas. Las esculturas de sus dioses quemaras en el fuego; no codiciaras plata ni oro de ellas para tomarlo para ti, para que no tropieces en ello, pues es abominación a Jehová tu Dios; y no traerás cosa abominable a tu casa, para que no seas anatema; del todo la aborrecerás y la abominaras, porque es anatema.

Deuteronomio 7: 12-26

"Acontecerá que, si oyeres atentamente la voz de JEHOVA tu Dios, para guardar y poner por obra todos sus mandamientos que te prescribo hoy, también JEHOVA tu Dios te exaltará sobre todas las naciones de la tierra. Y vendrán sobre ti todas estas bendiciones, y te alcanzarán, si oyeres la

voz de JEHOVA tu Dios. Bendito serás tú en la ciudad, y bendito tú en el campo. Bendito el fruto de tu vientre, el fruto de tu tierra, el fruto de tus bestias, la cría de tus vacas y los rebaños de tus ovejas. Benditas serán tu canasta y tu artesa de amasar. Bendito serás en tu entrar, y bendito en tu salir. Jehová derrotara a tus enemigos que se levantaren contra ti; por un camino saldrán contra ti, y por siete caminos huirán de delante de ti. JEHOVA te enviará su bendición sobre tus graneros, y sobre todo aquello en que pusieres tu mano; y te bendecirá en la tierra que JEHOVA tu Dios te da. Te confirmara JEHOVA por pueblo santo suyo, como te lo ha jurado, cuando guardares los mandamientos de JEHOVA tu Dios, y anduvieres en sus caminos. Y verán todos los pueblos de la tierra que el nombre de JEHOVA es invocado sobre ti, y te temerán. Y te hará JEHOVA sobreabundar en bienes, en el fruto de tu vientre, en el fruto de tu bestia, y en el fruto de tu tierra, en el país que JEHOVA juro a tus padres que te había de dar. Te abrirá JEHOVA su buen tesoro, el cielo, para enviar la lluvia a tu tierra en su tiempo, y para bendecir toda obra de tus manos. Y prestaras a muchas naciones, y tú no pedirás prestado. Te pondrá JEHOVA por cabeza, y no por cola; y estarás encima solamente, y no estarás debajo, si obedecieres los mandamientos de JEHOVA tu Dios, que yo te ordeno hoy, para que los guardes y cumplas, y si no te apartares de todas las palabras que yo te mando hoy, ni a diestra ni a siniestra, para ir tras dioses ajenos y servirles. Deuteronomio 28:1-14

¿Qué significa esto para nosotros hoy? Dios no ha cambiado. Él es todavía un Dios santo y todos los creyentes son su pueblo santo.

Sino como aquel que os llamo es santo, sed también vosotros santos en toda vuestra manera de vivir; 16 porque escrito esta: sed santos, porque yo soy santo." 1 Peter 1: 15-16

Mas vosotros sois linaje escogido, real sacerdocio, nación santa, pueblo adquirido por Dios, para que anunciéis las virtudes de aquel que os llamo de las tinieblas a su luz admirable. Vosotros que en otro tiempo no erais pueblo, pero que ahora sois pueblo de Dios; que en otro tiempo no habíais alcanzado misericordia, pero ahora habéis alcanzado misericordia.

1 Pedro 2: 9-10

- **Nación santa significa que somos únicos en nuestra relación con Dios**... Dios nos escogió. Él nos consagro para ser su pueblo, las ovejas de su prado. Servimos a un Dios santo quien es digno de nuestra alabanza y reverencia, y porque lo reverenciamos, le obedecemos. En vez de que nuestra relación con el Padre sea de una religión es una relación de amor.

- **Nación santa significa que pertenecemos al Padre**... Jesús dijo, "separado del Padre no puedo hacer nada." Esa también es nuestra firmeza. Nuestra dependencia es total porqué pertenecemos a Él y El a nosotros.

- **Nación santa significa que somos obedientes al Padre**.... Servimos a un Dios santo quien es digno de nuestra alabanza y reverencia hacia Él y porque le reverenciamos le obedecemos.

Israel nos dio un ejemplo de lo que significa ser una nación santa para Dios. En su relación única con esta nación vemos claramente nuestra relación—uno el saber que somos amados por un Padre santo quien nos ha escogido para Sí mismo. De esa relación de amor viene la reverencia por El y de esa reverencia viene la obediencia a Él. Pero aún hay más. Exploremos; ¡somos la niña de sus ojos!

Capitulo cinco

Israel, una nación santa

Tema central
Dios llamó a Israel nación santa
Nosotros, también, somos una
nación santa.

Dios es santo y Él tiene amor santo por Su nación santa. Dios llamo a Israel a ser una nación santa para Sí mismo. Ellos eran únicos en su relación con El en que ellos le pertenecían a Él y El a ellos. El esperaba que fueran obedientes y por medio de esa obediencia fueran bendecidos.

1. Lo mejor que pueda, explique la santidad de Dios.

_____

_____

_____

_____

_____

2. Como es la santidad de Dios reflejo de su amor?

_____

_____

_____

_____

_____

3. Explique tres maneras en la que Israel fue llamada nación santa para Dios.

_____

_____

_____

_____

_____

_____

_____

_____

4. Explique ahora como estas tres cosas se aplican a la iglesia del Nuevo Testamento.

_____

_____

_____

_____

_____

_____

_____

_____

_____

_____

_____

5. Lea completamente los capítulos 7 y 28 de Deuteronomio.

6. Que tiene que ver la santidad con la conducta de una persona?

_____

_____

_____

_____

_____

7. Lea 1 de Pedro 2: 9-10. Expanda este pasaje de las escrituras en sus propias palabras.

_____

_____

_____

_____

_____

_____

8. Que diría usted lo que tiene que ver la obediencia con la santidad?

_____

_____

_____

_____

_____

9. Como le hace sentir el saber que usted ha sido declarada santa por el Padre?

_____

_____

_____

_____

_____

_____

APLICACIÓN

10. Como pretende usted persuadir la santidad en su conducta? Recuerde que empieza en el corazón.

_____

_____

_____

11. Escriba una confesión de fe concerniente a su posición de santidad para con el Padre.

_____

_____

_____

Israel nos dio un ejemplo de lo que significa ser una nación santa para el Señor. Y en el ejemplo que nos mostraron solo podemos deducir eso porque Dios es un Dios santo y Él nos escogió para El; Él ha declarado que somos santos también. Que siempre luchemos por vivir de una manera digna de lo que ya Él ha declarado que somos.

Oración

Padre Santo y bueno, te doy gracias de que sido declarada santa por ti por medio de la sangre de tu Hijo Jesús. Te doy gracias que la santidad es una condición de mi corazón. Te pido que continúes trabajando en mi corazón para que mis acciones sean agradables a ti y que puedan verdaderamente reflejar tu gloria. En el nombre de Jesús, amen.

EN SU DIARIO

(Ahora escriba aquellas cosas que le vienen a la mente al reflexionar en esta lección. Quizás le sea de ayuda el leer nuevamente las preguntas y las respuestas.)

_____

_____

_____

_____

_____

_____

_____

_____

_____

_____

_____

_____

_____

_____

_____

_____

_____

_____

_____

_____

6

Abrazando el amor del Padre: Israel, la niña de Su ojo

Le hallo en tierra de desierto, y en yermo de terrible soledad; lo trajo alre-
dedor, lo instruyo, lo guardo como a la niña de Su ojo.
Deuteronomio 32:10

Hasta este punto he dicho que es la voluntad de Dios de que no solo reconozcamos que Él nos ama, pero que también le permitamos a El cultivar en nosotros un entendimiento profundo de Su amor lo cual nos llevara a aceptar y verdaderamente abrazar ese amor gratuitamente dado a nosotros. Hemos visto a Israel como un ejemplo del amor abundante del Padre sobre un pueblo, no porque se lo merecían, pero simplemente porque fueron escogidos por El. Hemos aprendido que en Su amor por ellos el los nombro como Su peculiar tesoro. Ellos tenían un lugar especial en el corazón del Padre y por eso Él era responsable completamente por su cuidado y protección. También hemos aprendido que en Su amor por ellos los invito a ser un reino de sacerdotes. Esa invitación fue más allá del sacerdocio levítico formal; fue un llamado corporal a relacionarse con el Padre y actuar por El. Finalmente, vimos que en el amor del Padre por Israel los declaro una nación santa para sí mismo, lo que significó que ellos eran únicos en su relación con El. Significo que Él les pertenecía a ellos. Significo que El esperaba total lealtad y obediencia por parte de ellos y que por medio de esa obediencia En los bendeciría.

En Deuteronomio 32: 10 el Señor también dijo que El guardo a Israel, Su pueblo amado, su pueblo escogido como, *"la niña de Su ojo."* Es un concepto que es sinónimo con la nación de Israel y habla grandemente del amor y cuidado que Dios tiene por esta nación. Vamos a examinar como el Señor hizo Su amor por

Israel tan evidente en guardarlos como a la niña de Su ojo. Veremos cómo eso se aplica a nosotros hoy. Cuando estaba estudiando este verso el Señor me hablo tan simplemente y esto es lo que me revelo.

Había sido invitada a hablarle a las mujeres protestaste de la capilla del Área de Hesse en una reunión de primavera. Yo estaba absolutamente encantada porque tengo un corazón por las mujeres de PWOC, mujeres protestantes de la capilla y han pasado muchos años desde que tuve la oportunidad de reunirme con este grupo de preciosas mujeres. Fue durante la preparación del contorno de las sesiones que sentí que el Señor me dirigió al salmo 17:8 - *"Guárdame como a la niña de tu ojo, escóndeme bajo la sombra de tus alas..."* Leí este verso y luego lo leí otra vez. Fue entonces que escuche la voz de mi Padre que me decía, "Eres una de mis damas manzanas." Podría decir que me reí. Al empezar a meditar en la escritura y estudiar, aquí hay unas cuantas cosas que pude recoger.

Salmo 17 fue una oración que David oro al Padre. El empezó esta oración diciendo, *"Oye, oh Jehová, una causa justa; está atento a mi clamor. Escucha mi oración hecha de labios sin engaño."*

¿Puede imaginarse al hombre, David, el salmista y adorador quizás arrodillado delante de su Padre celestial pidiendo ser escuchado, y al mismo tiempo sabiendo que se seria escuchado? David fue delante del Señor abierta y sinceramente. Entonces dijo, *"De tu presencia proceda mi vindicación; vean tus ojos la rectitud. Tú has probado mi corazón, me has visitado de noche; me has puesto a prueba, y nada inicuo hallaste; he resuelto que mi boca no haga transgresión. Yo te he invocado, por cuanto tú me oirás, oh Dios; inclina a mi tu oído, escucha mi palabra. Muestra tus maravillosas misericordias, tu que salvas a los que se refugian a tu diestra, de los que se levantan contra ellos."* Y finalmente en el verso 8 dice, *"Guárdame como a la **niña de tus ojos**; escóndeme bajo la sombra de tus alas..."* David le pedía al Padre por Su protección de sus enemigos. ¿Oh, cuantas veces yo personalmente le pedido al Señor por su protección? Sabes; siempre Él la ha proveído.

David le pidió al Señor que lo protegiera, pero ¿cuánto? Creo que la clave se puede encontrar en cinco pequeñas palabras, *"como la niña de su Ojo."* La palabra "niña" en el hebreo es 'iyshowm (pronunciada ee-shone) y se traduce como "el pequeño hombre del ojo." El pequeño hombre del ojo, supuestamente, significa la reflexión de alguien que se ve en la pupila del ojo. Hay dos tipos de pensamiento aquí.

El primer pensamiento es que la pupila es una parte vital del ojo entero. El ojo entero es un símbolo de protección bien planeada. Como puede ver, Dios diseño el ojo pegado en la parte de atrás del ojo. Si sobresaliera fuera de esa cuenca podemos razonar que sería más subsistirle a una lesión. La pupila del ojo es protegida por cúpula transparente clara llamada cornea, y es protegida por el parpado cuya función de pestañeo ayuda a mantener el ojo limpio y lubricado. Es aún más protegido por las pestanas para mantener fuera el polvo y la tierra y otros objetos no deseados. La pupila esta extremadamente bien protegida, y es más fortalecida, para que pueda funcionar de la manera que Dios la diseño.

El segundo pensamiento es lo de la pupila siendo "el pequeño hombre del ojo". Ese significado es la reflexión que se ve en la pupila. Cuando usted mira a la pupila de otro usted vera su propia reflexión. Cuando yo miro a los ojos del Padre, Él también me mira a mí y lo que veo en sus ojos es como El me ve a mí. Oh, amada que deformada es como nos vemos a nosotras mismas como ha sido formada por las influencias de afuera. Nos han dicho toda nuestra vida

Como nos debemos ver de acuerdo con las ---------------del mundo. La imagen que tenemos de nosotros mismas ha llegado a ser tan deformada que tomara el amor del Padre convencernos que Él nos ve a nosotros tan diferente de cómo nos vemos nosotras mismas. Oh Padre, corrige nuestra visión. Por favor causa que nos veamos, así como usted nos ve. Haz que nos veamos cómo Sus "Sus mozas."

Recientemente estaba cenando con mi familia de la iglesia y compartí lo antes mencionado con el grupo. ¿Uno de los hermanos me pregunto, "Como nos enfocamos y miramos dentro de los ojos del Padre para ver nuestra reflexión? "Sin pensarlo un momento le dije, "Mirando en Su palabra." La conversación continua. Cuando llegue a casa tarde esa noche le pregunte al Señor acerca de mi respuesta a mi hermano y El me recordó de un incidente en mi vida que ocurrió algunos años antes. Mi familia y yo estábamos en la armada de los Estados Unidos y habíamos sido transferidos de Hawái en Fort Devens, Massachusetts. Estábamos esperando que nos asignaran vivienda en la base y estábamos viviendo en un apartamento a pocos minutos caminando de nuestra iglesia. Y sucedió que unos misioneros de Irlanda venían para el pueblo y nuestro pastor realmente necesitaba un vehículo decente para transportarlos. Mi esposo en ese tiempo estaba temporalmente asignado a un trabajo temporal asistiendo a la escuela en Arizona. Sentí que el Señor le hablaba a mi corazón el decirle al pastor que podían usar nuestra camioneta y que yo podía viajar con alguien al trabajo y los niños y yo podíamos caminar a la iglesia o a cualquier otro lugar que necesitáramos ir. Después de consultarlo Mike le entregué la camioneta al pastor y no lo pensé dos veces.

Un tiempo después mientras estaba delante del Señor, sentí leer la historia del buen samaritano. Cuando llegue a la parte cuando el monto al hombre en su propio burro, el Señor me trajo a la mente el como yo había obedecido su motivación en permitirle al pastor usar nuestra camioneta para esos preciosos misioneros. Todavía recuerdo como si fuera ayer que el Señor me dijo después, "tu caminaste para que otros pudieran pasear." Me lleno de humildad el escuchar al Señor decirme algo a mí. Aquel día que El me mostro en como ese simple acto de bondad fue una reflexión de algo que ya se había hecho en Su palabra. Entonces me hizo saber aún más que cuando miro en su palabra siempre me veré reflejada allí, ya sea que mis obras fueron buenas o malas. La palabra de Dios es nuestro espejo y debemos mirarlo a menudo. Ese espejo lleva la imagen del Hijo. Somos constantemente y consistentemente transformados a Su imagen. ¡Señoras somos la niña de sus ojos!

El salmista que escribió en salmos 17:8 - "...*escóndeme bajo la sombra de tus alas*..." El pensamiento que me viene a la mente es el de la mama gallina y como ella cuidadosamente y con amor recoge a sus pollitos bajo el calor y la seguridad de sus alas, tan cerca de su pecho que ellos pueden sentir y escuchar el latido de su Corazón. De la misma manera somos descendencia del Padre. Somos sus hijas y como tales El desea acercarnos más a Él, tan cerca que podamos escuchar y sentir el latido de su Corazón.

Allí lo tenemos—reflexión y protección. El ser la niña del ojo del Padre significa que cuando miramos Sus ojos, cuando nos enfocamos en El, nos veremos en efecto a nosotras mismas como Él nos ve. Dios nos protege, nos cubre, nos guarda, y viene a nuestra defensa. Es cuando somos más perseguidas que somos más protegidas. No puedo ni siquiera concebir en mi mente ese pensamiento, pero ya sea que lo podamos captar inmediatamente o no, la verdad es todavía la verdad. Oh, Dios, santificamos *por medio de Tu verdad; ¡tu palabra es la verdad! ¡Juan 17:17 Señoras somos las niñas de sus ojos!*

En Deuteronomio 32:10 el Padre habla de sus tratos con Israel dice, "*le hallo, lo trajo alrededor, lo instruyo, y lo guardo como a la niña de su ojo.*" Ahora vamos a explorar cada uno de estos conceptos.

- **Lo encontró**. La nación de Israel había estado en esclavitud egipcia por cuarenta años y cuando clamaron al Señor, Él les envió un libertador y saco a Su pueblo fuera de la esclavitud. La verdad es que Dios vino a buscarnos. La palabra de Dios dice que nadie puede llegar a Él al menos que sean atraídos por Su Espíritu. Todos estábamos perdidos y necesitábamos ser encontrados y rescatados de una vida de pecado. Gracias a Dios que Él nos amó lo suficiente para venir tras nosotros. Señoras somos las niñas de sus ojos.

- **Lo trajo alrededor.** Alrededor significa completamente rodear y asegurar. El asegurar significa proteger. Dios mantuvo su ojo sobre Israel, siempre y cuando obedecieran a Su voluntad, tenían Victoria sobre cada cosa y todos aquellos que venían en contra de ellos. Cuando Dios nos salva, Él nos sella con Su precioso Espíritu Santo y nos da autoridad sobre todo poder del enemigo. Podemos descansar seguros en los brazos del Padre sabiendo que Él nos protege como lo ha prometido y Él nunca nos dejara ni desamparara. ¡Padre, protege a las niñas de tus ojos!

- **Lo instruyo.** Después que Israel salió de la esclavitud hacia la tierra prometida, el libertador Moisés subió al Monte Carmelo y recibió la ley. La ley era las instrucciones de Dios para Su pueblo para vivir una vida recta. Dios aun nos instruye por medio de su palabra. El salmista David dijo, "Abre mis ojos, y mirare las maravillas de tu ley." El Padre aun nos ensena Sus caminos cuando nos metemos en su palabra y el Espíritu nos da ideas en lo que significa. ¡Padre, instruye a las niñas de tus ojos!

- **Lo guardo.** Guardo es el pasado de mantener y mantener significa proveer con mantenimiento y apoyo. Dios cuido tanto a Israel que por cuarenta años sus zapatos ni siquiera se gastaron. También los alimento con mana del cielo y agua de la roca. Ellos no carecían de nada. El Padre verdaderamente sabe cómo cuidar de aquello que le pertenece. Él es nuestro proveedor y hace provisión todo lo que necesitamos. El Señor verdaderamente es nuestro pastor y nada nos faltara. ¡Señoras, somos la niña de los ojos de Dios!

Así que, entonces, para ser la niña de los ojos del Padre, significa que somos tan preciosas para El que Él nos dice quiénes somos. Al mirar sus ojos nos vemos a nosotras mismas como Él nos ve. Somos reflectores de su imagen. Ser la niña de Su ojo significa que tenemos su cuidado y protección. Somos sus hijas y El de seguro sabe cómo completamente cuidar de lo que le pertenece a Él. Ser la niña de los ojos del Padre significa que al meternos en su palabra Él nos da instrucción para vivir una vida que le agrada a Él.

Gracias Padre, que hemos sido escogidas por ti para servirte en tu reino. ¡Somos tus hermosas, deliciosas, y fructíferas chicas! Pero aún hay mucho más; exploremos. ¡Si somos la niña, Dios tiene que ser el centro!

Capitulo seis

Israel, La niña del ojo de Dios

Tema central
Así como Israel, nosotros somos la "niña del ojo del Padre"

Hasta este punto he declarado que es la voluntad de Dios para nosotros no solo que reconozcamos que Él nos ama, pero también que le permitamos a El cultivar en nosotros un entendimiento profundo de Su amor el cual nos lleva a aceptar y verdaderamente a abrazar el amor dado libremente. Hemos visto a Israel como un ejemplo del amor del Padre siendo otorgado sobre su pueblo, no porque lo merecieran, pero simplemente porque ellos fueron escogidos por El. Hemos aprendido que en Su amor por ellos Él nos nombró como Su Tesoro especial. Ellos tenían un lugar especial en el Corazón del Padre y por eso el sería responsable por su complete cuidado y protección. Más adelante aprendimos que en su amor por ellos los invito a ser sacerdotes del reino. Esa invitación fue más allá del sacerdocio levítico formal; fue un llamado corporal a relacionarse con el Padre y actuar por El. Finalmente, vemos que en el amor del Padre por Israel En los declara una nación santa para Sí mismo. Lo que significó que ellos eran únicos en su relación con El. Significo que ellos le pertenecían a Él. Significo que Él le partencia a ellos. Significo que él esperaba su lealtad y obediencia total y que, por medio de su obediencia a Él, En los bendeciría. Deuteronomio 32: 10 el Señor también dijo que El guardaría a Israel, Su amado, su pueblo escogido como, *"la niña de sus ojos."* Es un término que es sinónimo con la nación de Israel y habla grandemente del amor y cuidado que Dios tenia por esta nación.

1. Lea todo el salmo17 por lo menos 5 veces. Escriba en sus propias palabras que usted cree que David le estaba pidiendo al Señor.

_____

_____

_____

_____

_____

2. Cuál es la traducción en hebreo de la palabra "niña" y su significado?

_____

_____

_____

_____

3. Cuáles son los dos principales pensamientos concernientes a la traducción, "el pequeño hombre del ojo?"

_____

_____

_____

_____

_____

_____

_____

_____

4. Escriba una honesta evaluación en como usted cree que otros la ven a usted—Dios, su esposo (si está casada), sus hijos (si tiene alguno), su familia, su iglesia, sus compañeros de trabajo, y finalmente usted misma.

_____

_____

_____

_____

_____

_____

_____

_____

_____

_____

_____

_____

5. ¿Si usted pudiera cambiar algo de usted, que sería (física, emocional, y espiritualmente)?

_____

_____

_____

_____

_____

_____

_____

_____

_____

_____

_____

_____

_____

_____

6. Usando las descripciones abajo como se describe a usted misma? ¿Qué clase de manzana es usted? Escriba por qué se describe así.

Jonathan- versátil; Roja deliciosa – dulce y jugosa; Dorada deliciosa – para todo propósito; Roma roja – un poquito acida; Granny Smith – media acida; and manzana silvestre- pequeña, dura, extremadamente acida, - una manzana salvaje.

_____

_____

_____

_____

_____

_____

_____

_____

7. En sus propias palabras, explique los conceptos de reflexión y protección referente al Padre y en Su relación con nosotros.

_____

_____

_____

_____

_____

_____

_____

8. Lea todo el salmo 139 por lo menos 5 veces. Explique este pasaje de escritura con sus propias palabras.

_____

_____

_____

_____

_____

_____

_____

_____

_____

_____

_____

APLICACIÓN

9. Propósito para hacer un ayuno. Ore y pida al Señor como el desea que usted ayune y ore concerniente a que usted reciba una revelación nueva de su relación a Él y con El.

10. Medite en el salmo 139: 13-18 y escriba sus pensamientos en su diario lo que le habla el Padre a su Corazón.

11. Ayude a alguien más. Ore acerca de organizar un grupo pequeño de estudio, un grupo de apoyo de las 'chicas de los ojos de Dios" para animarse y construirse una a la otra, para llegar a ser verdaderas hermanas de fe con sus corazones entretejidos en amor.

El Padre protege a las chicas de sus ojos. El Padre instruye a sus damas y el Padre mantiene a sus damas si ellas quieren ser protegidas. Somos sus hermosas, deliciosas y fructíferas damas.

Oración

Padre, abre mis ojos y remueve las escamas de distorsión que ha causado que me vea a mí misma de otra manera a como tú me ves a mí. Sana mi Corazón de las heridas que me han perturbado por tanto tiempo, escondidas de la simple vista, pero siendo manifiesta de igual manera. Aumenta mi confianza en ti para que pueda confiar sin reservas y obedecer sin escatimar. Señor, gracias por hacerme a mí una de tus damas. Al sanarme, ayúdame a ayudar a otras a sanar. En el nombre de Jesús, Amen.

ESCRIBA EN SU DIARIO

(Escriba aquella cosa que le vienen a la mente al reflexionar en esta lección. Le ayudara repasar nuevamente las preguntas y respuestas.)

_____

_____

_____

_____

_____

_____

_____

_____

_____

_____

_____

_____

_____

_____

_____

_____

_____

_____

_____

7

Abrazando el amor del Padre:
¡Él es el centro de mi ser!

*Porque en El vivimos, y nos movemos, y somos; como algunos de vuestros
propios poetas también han dicho: Porque linaje suyo somos.*
Hechos 17:28

En el capítulo anterior descubrimos que el ser la niña del ojo del Padre significa que somos tan preciosas para El. También explica el concepto de que, si miráramos dentro de Su ojo veríamos reflejada allí como Él nos ve a nosotras, ya que somos reflectores de Su imagen. También aprendimos que el ser la niña del ojo del Padre significa que tenemos su cuidado y protección. Somos sus hijas; Su descendencia. ¡Todo lo que somos para el Padre es grande, es maravilloso pero la cosa más importante es que Él es el centro de nuestro ser!

¿Cómo podría yo empezar a explicar este concepto? ¿Cómo puedo empezar de tratar de explicar la idea o hecho de que el Rey de la gloria, ¿el Creador del Universo, escoge el ocupar un vaso humano e imperfecto? Amo al Señor con todo mi Corazón y sé que Él vive dentro de mí. Pero algunas veces aun no puedo captar en mi mente el hecho de que El me ama tanto que Él envió lo mejor del cielo por mí para que yo pudiera ser una reflectora de su gloria. Por favor sea paciente mientras trato de ayudarle a usted el entender lo que significa para el Padre ser el mismo centro de nuestro ser.

Somos seres humanos creados en la imagen del Dios todopoderoso. La palabra ser significa que existimos. La razón de nuestra existencia es porque Dios es el centro de nuestra existencia. Ahora, la palabra núcleo significa central o la parte más íntima parte de algo. Es lo más importante de algo. En el caso de la manzana es la parte donde la semilla está localizada. La semilla es la esencia de la manzana. De acuerdo al diccionario Webster, esencia es definida como propiedades indispensables que sirven para caracterizar o identificar algo. Esencia es algo inherente o de naturaleza incambiable de algo haciéndola la más vital o parte esencial.

Una manzana que no se le ha sacado el corazón es una manzana entera. Somos las damas manzanas de Dios y eso significa que debemos scr completas porque el Padre es el centro de nuestra existencia. Fuimos creadas a la imagen del Padre, Dios el Hijo, y Dios el Espíritu Santo. Dios nos creó como seres humanos quienes somos espíritu, alma y cuerpo. Fue en nuestro espíritu humano que el Espíritu del Señor vino y tomo residencia, trayendo así la regeneración que nos hizo para El y El para nosotros. El Espíritu Santo es la semilla dentro de nosotros que produce y cultiva Su fruto para que nuestras vidas sean fructíferas. En el capítulo 15 de Juan Jesús dijo, *"Yo soy la vid, y vosotros los pámpanos. Si alguno permanece en mí y yo en él, este lleva mucho fruto; porque sin mi nada sois"*.

Estamos conectados al Padre y estando conectadas a El significa que estamos unidas a Él.

Mi abuelo era un estibador, Por muchos años el trabajo en el Puerto de Norfolk, Virginia cargando y descargando grandes barcos. Recuerdo que iba con el algunas veces mientras el miraba en el tablero para ver si tenía que trabajar. También recuerdo a los hombres hablando acerca de la unión. La unión era una organización de trabajadores quienes se unían para proteger sus intereses comunes y tratar de obtener mejoras en las condiciones de trabajo. Nuestro Padre Celestial es una unión dentro de sí mismo. Hemos unido fuerzas con El y Él es el que vela constantemente por nuestro bienestar. Su palabra dice que, *"Y temerán desde el occidente el nombre de Jehová, y desde el nacimiento del sol su Gloria; porque vendrá el enemigo como rio, más el Espíritu de Jehová levantara bandera contra él. Isaías 59:19.*

En el capítulo 17 de Hechos, el POSTOL Pablo llego a la ciudad de Atenas. En este tiempo era una ciudad que había sido tomada por la idolatría. Pablo fue llevado al Areópagos y allí estuvo parado en medio de esos hombres e inmediatamente empezó su discurso concerniente a un altar que había visto con un escrito que decía, "AL DIOS NO CONOCIDO." Miremos lo que él dijo en Hechos 17: 22-31.

Entonces Pablo, puesto de pie en medio Areópago, dijo: varones atenien-ses, en todo observe que sois muy religiosos; porque pasando y mirando vuestros santuarios, halle también un altar en el cual estaba esta inscripción: AL DIOS NO CONOCIDO. A l que vosotros adoráis, pues, sin conocerle, es a quien yo os anuncio. El Dios que hizo el mundo y todas las cosas que en él hay, siendo señor del cielo y de la tierra, no habita en templos hechos por manos humanas, ni es honrado por manos de hombres, como si necesitase de algo; pues él es quien da a todos vida y aliento y todas las cosas. Y de una sangre ha hecho todo el linaje de los hombres, para que habiten sobre toda la faz de la tierra; y les ha prefijado el orden de los tiempos, y los límites de su habitación; para que busquen a Dios, si en alguna manera, palpando, puedan hallarle, aunque ciertamente no está lejos de cada uno de nosotros. Porque en El vivimos, y nos movemos, y somos; como algunos de vuestros poetas también han dicho: Porque linaje suyo somos. Siendo, pues, linaje de Dios, no debemos pensar que la Divinidad sea semejante a oro, plata, o piedra escultura de arte y de imaginación de hombres. Pero Dios, habiendo pasado por alto los tiempos de esta ignorancia, ahora manda a todos los hombres en todo lugar, que se arrepientan; por cuanto ha establecido un día el cual juzgara al mundo con justicia, por aquel varón a quien designó, dando fe a todos con haberle levantado de los muertos.

Guao, que Dios más grande servimos. ¡El saber que es en El que vivimos y nos movemos y tenemos nuestra existencia y que somos Su generación es tremendo! Ahora vamos a examinar lo que significa.

- **En El vivimos y nos movemos**… Nuestro verdadero propósito de vivir es para alabar y dar gloria al Padre. Es Dios quien te da el aliento para que nos podamos levantar de la cama cada mañana. Es El quien hace que podamos recostar nuestra cabeza cada noche y dormir en paz. Es El quien hace que podamos poner nuestro pie antes del otro e ir donde Él quiere que vayamos y hagamos lo que Él quiere que hagamos. Lo glorificamos con nuestro servicio a Él.

  1. *Mateo 5: 16 – Así alumbre vuestra luz delante de los hombres, para que vean vuestras buenas obras, y glorifiquen a vuestro Padre que está en los cielos.* Gracias Padre por la vida.

  2. Juan 10:10 – *El ladrón no viene sino para hurtar y matar y destruir; yo he venido para que tengan vida, y para que la tengan en abundancia.*

- **En El tenemos nuestra existencia**...No fuimos creados por manos humanas, pero fuimos diseñadas por el creador del universo. Oh, y pensar que El pensativamente y a propósito nos creó para Sí mismo.

  1. *Génesis 1: 26-27 – Entonces dijo Dios* "hagamos al hombre a nuestra imagen, conforme a nuestra semejanza; y señoree en los peces del mar, en las aves de los cielos, en las bestias, en toda la tierra, y en todo animal que se arrastra sobre la tierra. "Y creo Dios al hombre a su imagen, a imagen de Dios lo creo; varón y hembra los creo.

  2. *Génesis 2: 7 – Entonces Jehová Dios formo al hombre del polvo de la tierra, y soplo en su nariz aliento de vida, y fue el hombre un ser viviente.*

  3. *Salmo 139: 13-14 – Porque tu formaste mis entrañas; Tú me hiciste en el vientre de mi madre. Te alabare; porque formidables, maravillosas son tus obras; estoy maravillado, y mi alma lo sabe bien.*

- **Somos su descendencia...** Somos descendientes del Padre; somos Sus hijas.

  1. *Romanos 8:17 -Y si hijos, también herederos; herederos de Dios y coherederos con Cristo, si es que padecemos juntamente con El, para que juntamente con El seamos glorificados.*

  2. *1 Juan 3:1 – ¡Mirad cual amor nos ha dado el Padre, para que seamos llamados hijos de Dios!*

  3. *1 Juan 3: 2 – Amados, ahora somos hijos de Dios, y aun no se ha manifestado lo que hemos de ser; pero sabemos que cuando Él se manifieste, seremos semejantes a Él, porque le veremos tal como Él es.*

Dios el Padre es el centro de nuestro ser. Es por medio de El que fuimos creados en Su imagen. Fuimos creados para ser reflectores de Su gloria al ser hechos más y más como El, siendo transformado a la imagen de Su Hijo día a día. Él es la razón de nuestra existencia; así que Su voluntad está en el mismo centro de cada decisión que tomamos. ¡Sin La vida no tendría sentido, y es un gozo y un honor ser una de "Las damas de Dios!" Ya sea que nos consideremos una manzana Fui, una deliciosa roja, Granny Smith, Dorada deliciosa o Crujiente y de miel, Dios nos ha puesto aquí en la tierra en este tiempo para ser el espejo que refleja Su amor. Oh, que dulce es ser hallada digna de trabajar para Su Rey.

Capitulo siete

Dios, el centro de nuestro ser

Tema central
Somos la "niñas del ojo del
Padre, pero Él es el "centro "de
nuestro ser.

Hemos descubierto que la niña del ojo del Padre significa que somos preciosas para El. También transmite el concepto de que si miráramos dentro de su ojo veríamos reflejado allí como Él nos ve a nosotros, ya que somos reflectores de Su propia imagen. También aprendimos que ser la niña del ojo del Padre significa que tenemos su cuidado y protección. Somos sin duda Sus hijas, Su descendencia. ¡Todo lo que somos para el Padre es grande, es maravilloso, es poderoso, pero lo más importante es que Él es el centro de nuestro ser!

1. Que significa ser creada a la imagen de Dios?

_____

_____

_____

_____

_____

2. Somos llamadas seres humanos. Busque un diccionario y mire la definición de la palabra "ser" y escríbala.

_____

_____

_____

_____

_____

_____

3. Ahora busque la palabra "núcleo" y escriba su significado.

_____

_____

_____

_____

_____

_____

4. Ahora busque la palabra "esencia" y escribe su significado. Explique como Dios es la esencia de nuestro ser.

_____

_____

_____

_____

_____

5. Siendo una de las manzanas damas de Dios, el deseo del Padre es que usted sea complete. Explique.

_____

_____

_____

_____

_____

_____

_____

_____

_____

_____

_____

_____

_____

6. Que significa estar conectada al Señor? ¿Cómo somos conectadas con El y El con nosotros?

_____

_____

_____

_____

_____

_____

7. Que significa ser descendencia del Padre? (escriba por lo menos tres cosas.)

_____

_____

_____

_____

_____

_____

_____

_____

_____

_____

_____

_____

8. Ahora escribe en sus propias palabras como Dios es el "centro" de nuestro ser.

_____

_____

_____

_____

_____

_____

_____

_____

_____

APLICACIÓN

9. Escriba una carta de amor al Padre expresándole su agradecimiento a El de haberla creado a Su imagen.

_____

_____

_____

_____

_____

_____

_____

_____

_____

_____

_____

_____

_____

_____

_____

_____

10. Pase un tiempo a solas con Dios esta semana ya sea que entre a su cuarto y no permita ninguna distracción y siéntese en Su presencia hasta que Él le hable. Luego escriba lo que Él le dice a usted.

11. Organice una reunión G.A.L. donde el tema es manzanas. Invite a otra "manzana dama de Dios» para que de sus testimonios usando el nombre y las características de una manzana como ejemplo.

Dios es el centro de nuestro ser. Fuimos creadas a Su imagen para ser reflectores de Su gloria. Él es la razón de nuestra existencia. Su voluntad es ser el mismo centro de cada decisión que tomemos.

Oración

Padre, reconozco que de ninguna manera puedo existir sin ti. Tu eres el mismo centro de mi ser. Fue res la razón de que me puedo levantar en la mañana e irme a la cama en la noche. Por favor ayúdame a ponerte siempre primero en cada área de mi vida. Y a amarte a ti más que la vida misma. Ayúdame a mostrarte mi amor por medio de mi obediencia a ti. En el nombre de Jesús, Amen.

EN SU DIARIO

(Ahora escribe todas esas cosas que le vienen a la mente al reflexionar en esta lección. Le ayudara regresar nuevamente a las preguntas y respuestas anteriores.)

ACERCA DE LA AUTORA

Vera LeRay Warner es fundadora y presidente de "En Su imagen: Ministerio de mujeres de excelencia". Es un ministerio inter-denominacional fundado sobre principios bíblicos cuya visión es ver mujeres salvas y liberadas por la gracia de Dios y ser enviadas, y llenas de poder por el Espíritu Santo, para impactar al mundo. Dios está usando este ministerio para alcanzar a cientos de mujeres cada cuarto del mes con su hoja informativa, "La Palabra y el Espíritu." Ellas también tienen el privilegio de ministrar diariamente en 95 países con la transmisión de radio vía red social, "Transformada por la Palabra y el Espíritu." Su conferencia europea anual tiene asistentes de todas partes del mundo.

Vera es graduada de la Universidad Bautista de Wayland donde recibió una especialización en Educación Cristiana; recientemente ella obtuvo una maestría en teología en Christian Life School of Theology. Ella es autora de sus obras publicadas que incluyen: Recogiendo la cosecha creativamente; Háblame Señor, Escritos inspiraciones por mujeres para mujeres; y Cultiva mis corazones. Vera es antes que nada una maestra de la Biblia quien fluye bajo una unción profética. Ella continúa viajando en los Estados Unidos y fuera ministrando en retiros, seminarios y banquetes.

En el pasado ella ha servido en numerosas posiciones en su iglesia local y en la capilla militar incluyendo: muestra en la escuela dominical, líder de la iglesia de los niños, leader de grupo de oración intercesora, Presidenta del ministerio de mujeres, administradora de la iglesia, presidenta de las mujeres protestantes de la capilla afiliada (PWOC), miembro del equipo de alabanzas, y maestra de estudio bíblico para adultos.

Vera honorablemente sirvió en la Fuerza Aérea de los Estados Unidos por casi 12 años y durante ese tiempo fue elegida y enlistada en la edición de 1984 como "Mujeres Jóvenes excepcionales en América"

Ella es casada con Michael Warner, Sr., quien es retirado de las Fuerzas Armadas de los Estados Unidos como oficial de captura. En el tiempo presente ellos pastorean en Word Harvest International Christian Center en Nieder- Ramstadt, Alemania. Son padres de dos hijos -- Nicolle y Michael Jr. Ellos también tienen siete nietos. Los Warners residen en Columbia, SC.

BIBLIOGRAFÍA

Britton, Bill. *Eagle Saints Arise* (Springfield, MO, Bill Britton; año de publicación no disponible)

Rector, Jim. *How Awesome Is the Love of God Towards Us* (Estudio por red social-www.biblestudy.org)

Shurden, Walter B. *The Doctrine of the Priesthood of Believers* (Convención en Nashville, TN, prensa, 1987)

Heartlights Search God's Word, El Nuevo Testamento Lexicón griego (http://searchgodsword.org/lex/grk/view)

Diccionario Merriam Webster (http://www.merriam-webster.com)

Study Light (http://www.studylight.org/lex/heb)

The Free Dictionary (http://thefreedictionary.com)

www.ingramcontent.com/pod-product-compliance
Lightning Source LLC
Chambersburg PA
CBHW081634040426
42449CB00014B/3305